W0026667

FRAG MICH WAS

Imke Rudel

Altes Ägypten

Illustriert von Emmanuelle Etienne
Mit vielen lustigen Zeichnungen
von Kerstin M. Schuld

*Der Umwelt zuliebe ist dieses Buch
auf chlorfrei gebleichtem Papier gedruckt.*

ISBN 978-3-7855-4642-0
1. Auflage 2007

Umschlagillustration: Emmanuelle Etienne
Vignetten: Kerstin M. Schuld
Printed in Italy (011)

www.loewe-verlag.de

Inhalt

Wo fließt der längste Fluss der Welt? 8
Welche Berufe hatten die Ägypter? 10
Wie sah der Alltag im alten Ägypten aus? .. 12
Was taten die Kinder? 14
Wie sahen die Ägypter aus? 16
Wie feierten die Ägypter? 18
Wie war das Leben in der Stadt? 20
Wie lebten die Bauern? 22
Welche Götter hatten die Ägypter? 24
Wer war der Pharao? 26
Wo steht das älteste Gebäude aus Stein? .. 28
Wer baute die Pyramiden? 30
Wer war Tutanchamun? 32
Wie sahen die Gräber aus? 34
Wie wurde eine Mumie gemacht? 36
Was ist Papyrus? 38
Was blieb vom alten Ägypten? 40
Prüfe dein Wissen! 42
Register 44

Wo fließt der längste Fluss der Welt?

Der längste Fluss der Welt ist der Nil. Er ist fast 6700 Kilometer lang und befindet sich in Afrika. Die letzten 1000 Kilometer fließen durch Ägypten, bevor der Fluss ins Mittelmeer mündet. Ägypten wurde früher auch „das Geschenk des Nils“ genannt, denn ohne den Nil wäre das Land eine riesige Sandwüste, weil es dort so gut wie nie regnet.

Alexandria

Nildelta

Gizeh

Kairo

Memphis

Nur die schmale Flussebene links und rechts des Nils ist grün und fruchtbar. Dort lebten die alten Ägypter.

Die erste Hauptstadt des alten Ägyptens war Memphis. Dort gab es viele Tempel und Paläste. Später wurde Theben die neue Hauptstadt des Landes.

Wie es anfing

Die Blütezeit des alten Ägyptens begann vor über 5000 Jahren. Damals vereinigte König Menes Ober- und Unterägypten. Er war der erste Pharao. Die Kultur der alten Ägypter bestand etwa 3000 Jahre lang, bis ihr Land schließlich von anderen Völkern erobert wurde.

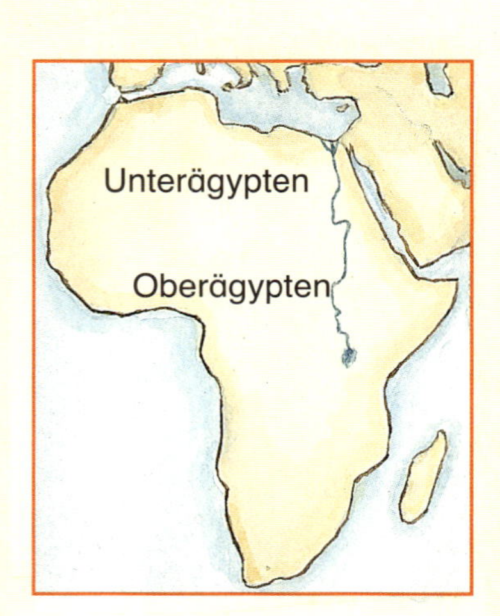

Abydos

Theben (Luxor)

Assuan (Syene)

Wenn wir vom alten Ägypten sprechen, meinen wir die Zeit, in der die Pharaonen, also die ägyptischen Könige, das Land am Nil regiert haben. Weil das Klima in Ägypten so mild und trocken ist, sind viele Schriftstücke und Kunstwerke der alten Ägypter noch sehr gut erhalten. Daher wissen wir so viel über ihr Leben.

Jedes Jahr im Juli trat der Nil über seine Ufer. Wenn das Wasser nach drei Monaten wieder zurückwich, blieb ein schwarzer Schlamm auf den Feldern zurück. Er war so fruchtbar, dass die Bauern mehr anbauen konnten, als sie brauchten. Was sie übrig hatten, konnte für schlechte Zeiten zurückgelegt oder verkauft werden. Dadurch ging es den Menschen meistens gut, und in Ägypten konnte eine wundervolle Kultur entstehen.

Die alten Ägypter nannten ihr Land „Kemet“. Das bedeutet „Schwarzes Land“, weil das Land nach der Nilüberschwemmung von schwarzem Schlamm bedeckt war.

Nilschlamm

Welche Berufe hatten die Ägypter?

Wie angesehen jemand bei den Ägyptern war, hing von seinem Beruf ab. Sehr angesehen waren zum Beispiel die Handwerker. Viele von ihnen waren gleichzeitig auch Künstler, wie die Bildhauer oder Maler. Der Pharao hatte seine eigenen Handwerker, die nur für ihn tätig waren. Meistens arbeiteten diese zusammen in großen Werkstätten. Oder sie waren direkt auf einer Baustelle beschäftigt.

Maler bei der Arbeit an einem Wandgemälde

Die Menschen glaubten damals, dass ihnen ihre Stellung in der Gesellschaft von den Göttern zugewiesen wurde. Was die Götter bestimmten, war ihnen heilig. Niemand beklagte sich deshalb.

Die meisten Ägypter waren Bauern.

Die Schreiber waren so etwas wie unsere Beamten. Sie waren meistens recht wohlhabend. Schreiber zu werden war allerdings schwierig und dauerte lange. Die Lehrer in der Schreiberschule schlugen ihre Schüler, wenn diese die schwierigen Schriftzeichen nicht schnell genug erlernten.

Die Schreibfedern waren aus Schilf. Es gab rote und schwarze Tinte, die mit Wasser angerührt wurde.

Wie sah der Alltag im alten Ägypten aus?

Die Familie war den Ägyptern sehr wichtig. Jeder wünschte sich, früh einen Partner zu finden und möglichst viele Kinder zu bekommen. Mädchen heirateten gewöhnlich mit zwölf Jahren, Jungen etwas später. Das kommt uns heute sehr jung vor, aber die Ägypter wurden oft nur etwa 40 Jahre alt.

Kinder galten als großer Segen. Sie kümmerten sich um ihre Eltern, wenn diese alt wurden.

Die Eltern waren gemeinsam für den Haushalt und die Erziehung der Kinder zuständig.

Die Familien bestanden nicht nur aus den Eltern und ihren Kindern. Auch Großeltern, Tanten, Onkel, Nichten und Neffen gehörten zur üblichen Großfamilie.

Die wichtigsten Nahrungsmittel waren Brot und Bier. Dazu gab es Obst, beispielsweise Datteln, Feigen oder Trauben, und Gemüse sowie Fisch aus dem Nil. Die reichen Ägypter tranken gerne Wein. Sie aßen auch häufig Geflügel und Rindfleisch, was bei den Ärmeren nur selten auf den Tisch kam. Auch Süßigkeiten mit Honig waren sehr beliebt. Das Essen wurde mit den Fingern gegessen.

Bier stellte man aus Brot her. Es war mit Datteln gesüßt, und sogar die Kinder tranken es.

Die Familien backten ihr eigenes Brot. Jeden Tag musste dafür Mehl gemahlen werden.

Manchmal wurde eine Frau sogar zum Pharao. Hatschepsut war die erste Pharaonin.

Die ägyptische Frau wurde „Herrin des Hauses“ genannt. Frauen hatten viele Rechte und genossen hohes Ansehen. Ägyptische Männer umwarben ihre Frauen mit Gedichten und Liebesliedern.

Was taten die Kinder?

Die Kinder haben am liebsten draußen gespielt. Sie machten Spiele wie Bockspringen oder eine Art Tauziehen. Aber sie hatten auch verschiedene Spielsachen: Puppen mit Puppenbetten, Hampelmänner oder Tierfiguren. Beliebt bei den Jungen waren Spielzeugwaffen. Die Mädchen machten verschiedene Ballspiele. Die Bälle waren meist aus Holz oder aus verknoteten Stoffresten. Gerne wurde auch mit Kreiseln und Reifen gespielt.

Sehr beliebt bei allen war das Brettspiel Senet. Es wurde vom König genauso gern gespielt wie von den Bauern.

Es gab sogar Spielzeug mit beweglichen Teilen: Dieses Krokodil konnte sein Maul auf- und zuklappen.

In der Schule ging es ziemlich streng zu. Es gibt Berichte darüber, dass die Lehrer ihre Schüler oft geschlagen haben. Allerdings sind auch nur wenige Kinder zur Schule gegangen. Nur wer es sich leisten konnte, schickte seinen Sohn in die Schreiberschule. Dort lernten die Jungen das schwierige Schreiben und Lesen der ägyptischen Schrift.

Nur Jungen durften in die Schule gehen. Mädchen mussten alles, was sie brauchten, von ihren Müttern lernen.

Die Ägypter waren große Tierliebhaber, die nicht nur Hunde und Katzen als Haustiere hielten. Sie glaubten, dass einige Götter ihren Geist in Tiere senden konnten, und daher waren ihnen manche Tiere sogar heilig. Sehr beliebt bei den Kindern waren Affen und verschiedene Vögel. Pharao Ramses II. hatte sogar einen zahmen Löwen.

Es gab sogar eine Katzengöttin. Sie hieß Bastet.

Kinder hielten sich gern einen Vogel als Haustier. Ein Wiedehopf konnte leicht gezähmt werden.

Wie sahen die Ägypter aus?

Die Ägypter legten Wert auf ihr Äußeres. Nicht nur die Frauen, auch die Männer schminkten sich gern. Die Augenbrauen und die Augenränder wurden dick mit schwarzer oder grüner Farbe umrandet. Das sollte die Augen größer erscheinen lassen und schützte gleichzeitig vor Augenentzündungen.

Schminke für Lippen und Wangen wurde aus rotem Lehm hergestellt.

Männer hatten kurze Haare oder ließen sich den Kopf rasieren. Frauen trugen ihre langen Haare offen oder zu komplizierten Zöpfen geflochten. Für feierliche Anlässe gab es kunstvolle Perücken.

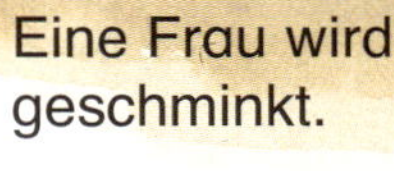

Eine Frau wird geschminkt.

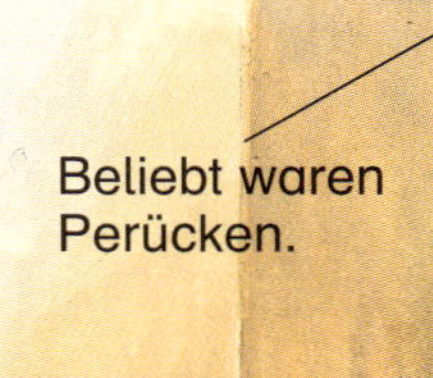

Beliebt waren Perücken.

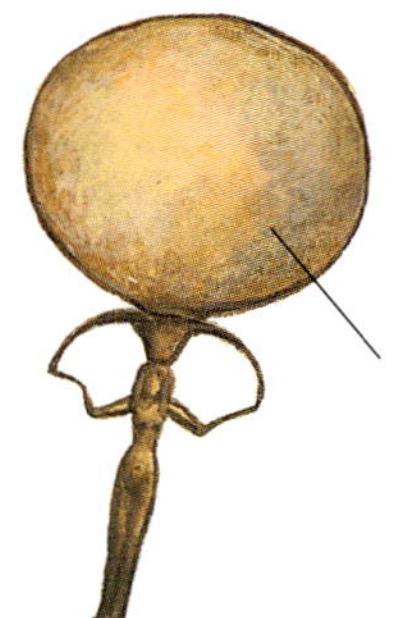

Die Ägypter besaßen bereits erste Spiegel, sie waren aus Bronze.

Das Klima im alten Ägypten war sehr mild, und es regnete fast nie. Darum hatten die Ägypter nur leichte Kleidung. Kinder und Männer hatten meist nur ein Lendentuch um. Die Frauen trugen ein enges Leinenkleid.

Die Ägypter trugen am liebsten strahlend weiße Kleidung.

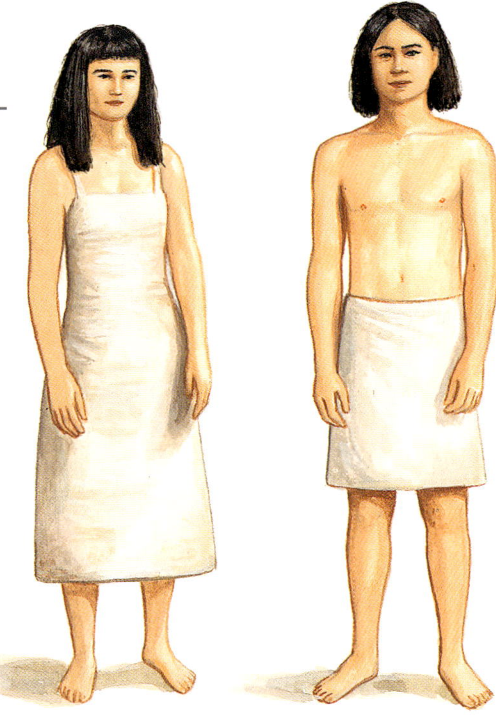

Die Kinder hatten fast kahl geschorene Köpfe. An der Seite blieb eine Haarsträhne stehen, die zu einem Zopf geflochten wurde. Das war die Jugendlocke.

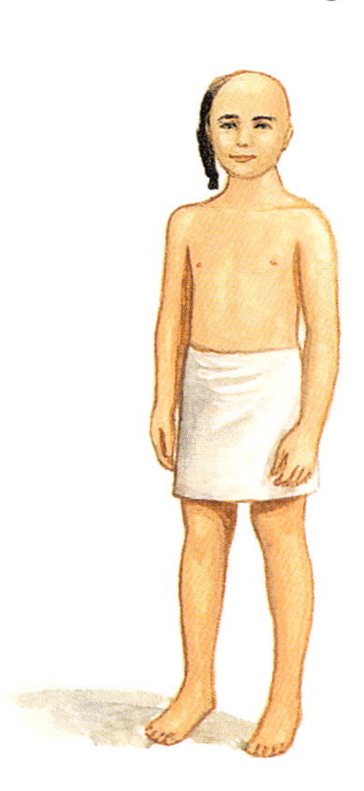

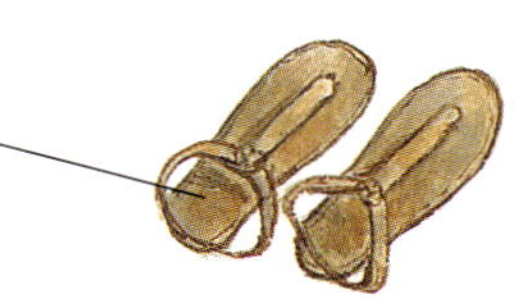

Die Sandalen des Pharaos Tutanchamun

Schmuck sah nicht nur schön aus, er konnte auch wie ein Glücksbringer zum Schutz vor Krankheiten getragen werden. Es gab Armreifen und Halsketten sowie kunstvolle Halskragen.

Besonders beliebt waren breite Schmuckkragen mit Perlen oder Edelsteinen.

Wie feierten die Ägypter?

Die Ägypter feierten gerne, und es gab viele unterschiedliche Feste: Familienfeste zu Geburten oder Begräbnissen, Feste der Bauern zur Aussaat oder zur Ernte, Volksfeste am Neujahrstag oder zu Beginn der Jahreszeiten. Es gab Königsfeste zu Ehren des Pharaos und natürlich Feiern zu Ehren der Götter. Die Feste konnten mehrere Tage dauern. Es wurde Musik gemacht, reichlich gegessen und viel getrunken.

Den Göttern ganz nah

An vielen Festtagen konnten auch die einfachen Menschen den Göttern nah sein. Dann wurden ihre Statuen durch die Felder getragen oder auf den Nil gerudert, damit die Götter das Land und die Menschen segnen konnten.

Bei einem Fest trugen die Gäste kleine Kegel aus parfümierter Salbe auf dem Kopf. Sie wurden mit der Zeit flüssig und verbreiteten einen angenehmen Duft.

Bei Feiern und zu besonderen Anlässen gab es Fleisch. Fast alle Ägypter gingen auf die Jagd, um Fleisch oder auch Fisch essen zu können. Für die reichen Ägypter war dies ein sehr beliebter Zeitvertreib. Sogar der Pharao machte Jagd auf Wildtiere.

Von seinem Streitwagen aus jagt der Pharao Strauße.

Wie war das Leben in der Stadt?

Weil es in Ägypten so warm war und es damals noch keine Kühlschränke gab, musste das Essen jeden Tag frisch besorgt werden. Die Bauern kamen von außerhalb in die Städte und boten auf den Straßen Früchte, Gemüse und Getreide an. Auch einige Handwerker hatten eigene Stände, wo sie zum Beispiel Schmuck, Stoffe oder auch Spielzeug verkauften.

Geld kannten die Ägypter noch nicht. Deshalb tauschten sie verschiedene Waren.

In manchen Städten gab es Märkte, aber oft wurden die Waren in den Straßen angeboten.

Häuser wurden aus Nilschlammziegeln gebaut. Sie hatten nur wenige Zimmer, oft war auf dem Dach eine flache Terrasse. In den Städten gab es sogar zwei- oder dreistöckige Häuser. Wegen des schönen Wetters waren die Ägypter häufig im Freien und legten nicht so viel Wert auf die Einrichtung ihres Hauses.

Auf dem flachen Dach wurden Vorräte gelagert. In heißen Nächten schlief die Familie auch dort.

Die Küche war ein Raum ohne Dach. Über einem offenen Feuer wurde gekocht.

Nur reiche Leute konnten sich große Häuser mit schönen Gärten leisten. Sie ließen gern die Wände und Decken mit Bildern verzieren und hatten wertvolle Möbel.

Kostbare altägyptische Möbel

Kopfkissen kannten die Ägypter nicht. Sie benutzten eine geschnitzte Nackenstütze aus Holz oder Stein.

Wie lebten die Bauern?

Die meisten Ägypter waren Bauern. Auf ihren Feldern bauten sie Getreide, Früchte und Gemüse an. Außerdem züchteten sie verschiedene Tiere wie Ziegen, Schafe und Rinder. Ihr ganzes Leben richtete sich nach den drei Jahreszeiten, die vom Nil bestimmt wurden: Es gab die Überschwemmungszeit, die Wachstumszeit und die Erntezeit.

Nachdem das Wasser von den Feldern zurückgewichen war, begannen die Bauern mit der Aussaat. Tiere traten die Samen in den Boden.

In der Wachstumszeit halfen die Kinder dabei, Vögel zu vertreiben und Ungeziefer von den Feldern zu sammeln.

Während der jährlichen Überschwemmung wurden viele Bauern zu Fischern oder gingen auf die Jagd. Dabei mussten sie sich vor den Nilpferden und Krokodilen in Acht nehmen.

Bei der Ernte half die ganze Familie mit. Die Männer schnitten die Ähren mit Sicheln ab. Die Frauen und Kinder sammelten sie in Körbe.

In manchen Jahren trat der Nil nicht über seine Ufer. Das war schlimm für die Bauern, denn dann gab es keine gute Ernte. Daher überlegten sich die Ägypter, wie sie die Felder selbst bewässern konnten, und bauten Kanäle und Schöpfsysteme. So wurden auch Felder mit Wasser versorgt, die weiter vom Nil entfernt lagen.

Die Dörfer waren auf Anhöhen gebaut. Sie lagen wie Inseln über den überschwemmten Feldern.

Nach der Überschwemmung mussten die Kanäle wieder freigeschaufelt werden.

Welche Götter hatten die Ägypter?

Die Ägypter glaubten fest daran, dass die Welt von Göttern gelenkt wurde. Jeder wichtige Gott hatte einen eigenen Tempel. Der Tempel war seine Wohnung auf der Erde. Dort lebte der Gott in einer Statue und wurde jeden Morgen von den Priestern geweckt. Sie wuschen die Statue, zogen ihr Kleidung an und stellten Speisen und Getränke vor ihr ab.

Osiris war der Herrscher im Totenreich.

Der Sonnengott Re galt als Schöpfer der Welt. Später hieß er Amun-Re.

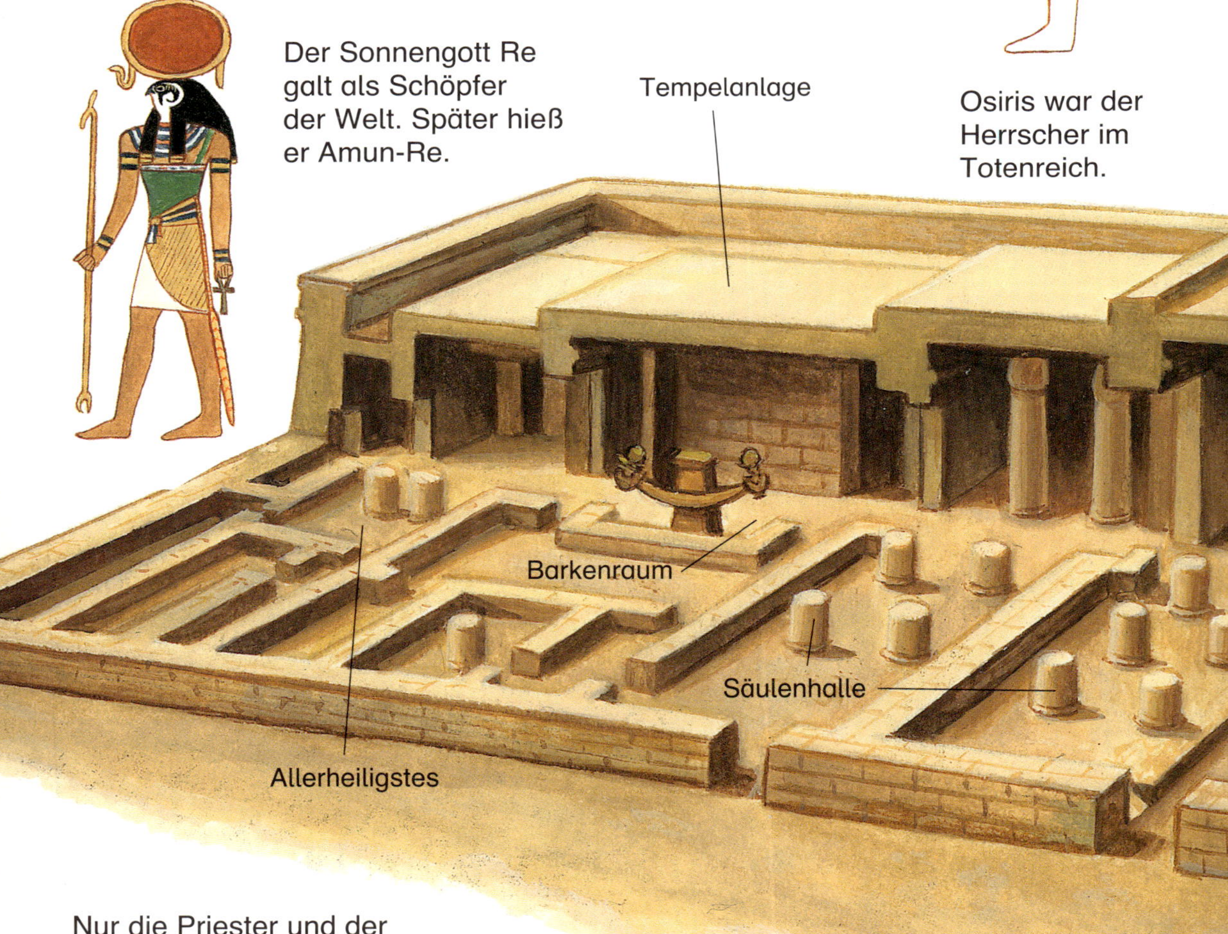

Nur die Priester und der Pharao durften sich den Götterstatuen nähern.

Jeder ägyptische Gott hatte ganz bestimmte Aufgaben. Die Menschen glaubten, dass alles was sie taten, von den Göttern bemerkt wurde. Und sie fürchteten sich vor schrecklichen Strafen, wenn sie die Götter verärgerten. Die wichtigsten Gottheiten waren Amun-Re und Osiris, zusätzlich hatte jede Region ihre eigenen Götter.

Wer war der Pharao?

Der Pharao war viel mehr als nur der König seines Volkes. Die Ägypter verehrten ihn wie einen lebenden Gott, Ramses II. ließ sich sogar als Gott darstellen. Der Pharao hatte die höchste Macht über das Land. Seine wichtigste Aufgabe bestand darin, den Göttern zu dienen, damit sie Ägypten weiterhin beschützten.

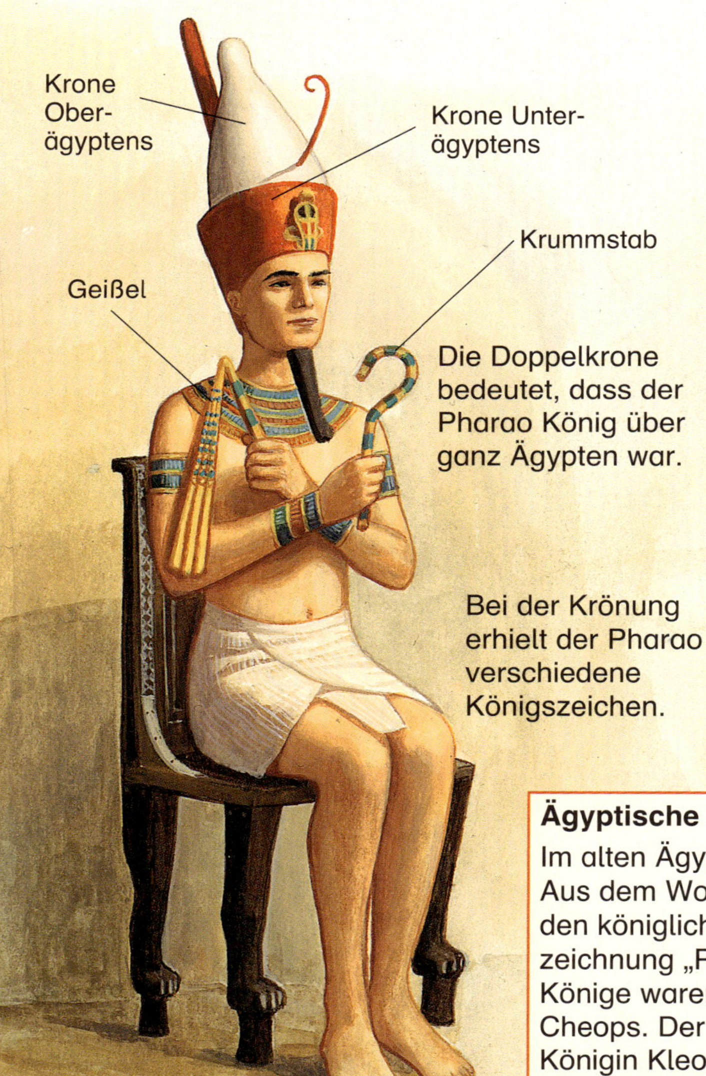

Die Doppelkrone bedeutet, dass der Pharao König über ganz Ägypten war.

Bei der Krönung erhielt der Pharao verschiedene Königszeichen.

Statt der Krone trug der Pharao oft das sogenannte Nemes-Kopftuch. Und er hatte einen falschen Bart, der mit Bändern unter seinem Kinn befestigt wurde.

Ägyptische Könige

Im alten Ägypten gab es über 300 Könige. Aus dem Wort „Per'aa" (Großes Haus) für den königlichen Palast entstand die Bezeichnung „Pharao" für den König. Berühmte Könige waren: Ramses II., Amenophis I. und Cheops. Der letzte Pharao war eine Frau: Königin Kleopatra. Sie regierte bis 30 n. Chr.

Zusammen mit seiner Familie lebte der Pharao im Palast. Der größte stand in der Hauptstadt. Aber er hatte noch viele weitere Paläste. Dort wohnte er, während er durchs Land reiste. Da die Paläste aus Nilschlammziegeln gebaut waren, sind sie leider alle verfallen. Wir wissen aber, dass sie groß und geräumig waren und dass es dort prächtige Gärten gab.

Der Pharao hatte meistens mehrere Frauen.

Nach dem Tod des Pharaos wurde sein ältester Sohn zum neuen König ernannt. Von Kindesbeinen an wurde er auf seine künftige Rolle vorbereitet. Dazu musste er auch Bogenschießen lernen.

Das Sed-Fest war ein Fest zu Ehren des Pharaos. Meistens wurde es gefeiert, nachdem der Pharao 30 Jahre lang regiert hatte. Es konnte aber auch öfter veranstaltet werden. Pharao Ramses II. organisierte 14 Sed-Feste.

Während des Festes musste der Pharao eine längere Strecke laufen. Damit zeigte er seinem Volk, dass er noch kräftig und gesund war.

Wo steht das älteste Gebäude aus Stein?

Das älteste Gebäude ist die Stufenpyramide von König Djoser. Sie zählt zu den ersten großen Gebäuden, die von Menschen jemals aus Steinen errichtet wurden. Bis dahin hatten die Ägypter ihre Häuser und Tempel immer aus Nilschlammziegeln gebaut.

Die Stufenpyramide des Königs Djoser wurde vor fast 5000 Jahren bei Sakkara errichtet.

Ein Weltwunder

Die Pyramiden von Gizeh gehörten schon vor 2000 Jahren zu den sieben Weltwundern. Sie sind das einzige antike Weltwunder, über das wir auch heute noch staunen können.

Mykerinos-Pyramide

Fast 4500 Jahre lang war die Cheops-Pyramide mit 146 Metern das größte Bauwerk der Welt – bis die modernen Wolkenkratzer gebaut wurden.

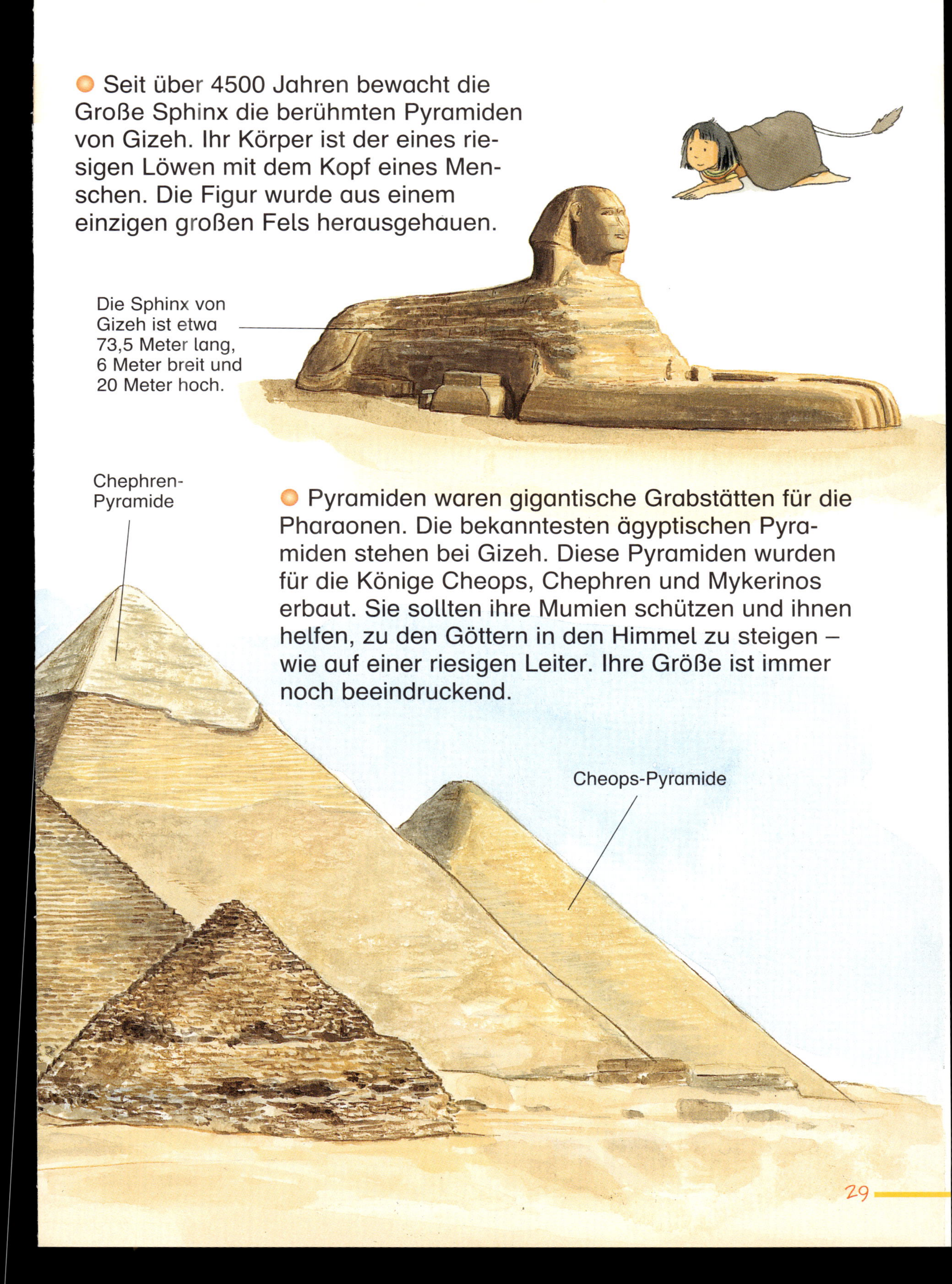

Seit über 4500 Jahren bewacht die Große Sphinx die berühmten Pyramiden von Gizeh. Ihr Körper ist der eines riesigen Löwen mit dem Kopf eines Menschen. Die Figur wurde aus einem einzigen großen Fels herausgehauen.

Die Sphinx von Gizeh ist etwa 73,5 Meter lang, 6 Meter breit und 20 Meter hoch.

Pyramiden waren gigantische Grabstätten für die Pharaonen. Die bekanntesten ägyptischen Pyramiden stehen bei Gizeh. Diese Pyramiden wurden für die Könige Cheops, Chephren und Mykerinos erbaut. Sie sollten ihre Mumien schützen und ihnen helfen, zu den Göttern in den Himmel zu steigen – wie auf einer riesigen Leiter. Ihre Größe ist immer noch beeindruckend.

Wer baute die Pyramiden?

Für den Bau einer Pyramide wurden sehr viele Menschen benötigt, und es dauerte Jahre, bis sie fertig war. Früher nahm man an, dass die Pyramiden von Sklaven errichtet wurden. Heute wissen wir, dass die Arbeiter meistens eine gute Bezahlung erhielten und regelmäßig freie Tage hatten. Während der Nilüberschwemmung halfen auch Bauern beim Pyramidenbau mit. In dieser Zeit konnten sie nicht auf ihren Feldern arbeiten und dienten so ihrem Pharao.

Über eine riesige Rampe aus Schutt und Holzbalken wurden die Steine nach oben gezogen.

Auf einer Art Schlitten aus Holz transportierte man die großen Steinblöcke. Jeder Stein wog ungefähr 2,5 Tonnen.

Die Oberaufsicht hatte der Pharao. Manchmal begutachtete er den Fortschritt auf der Baustelle.

Für eine Pyramide benötigte man sehr viele Steine. Die meisten wurden in der näheren Umgebung abgebaut, besonders harte Steine kamen jedoch aus weit entfernten Steinbrüchen. Sie gelangten auf dem Nil zur Baustelle. Dort wurden ihre Kanten von den Arbeitern so sorgfältig behauen und poliert, dass bei der fertigen Pyramide nicht einmal eine Messerklinge zwischen zwei Steine passte.

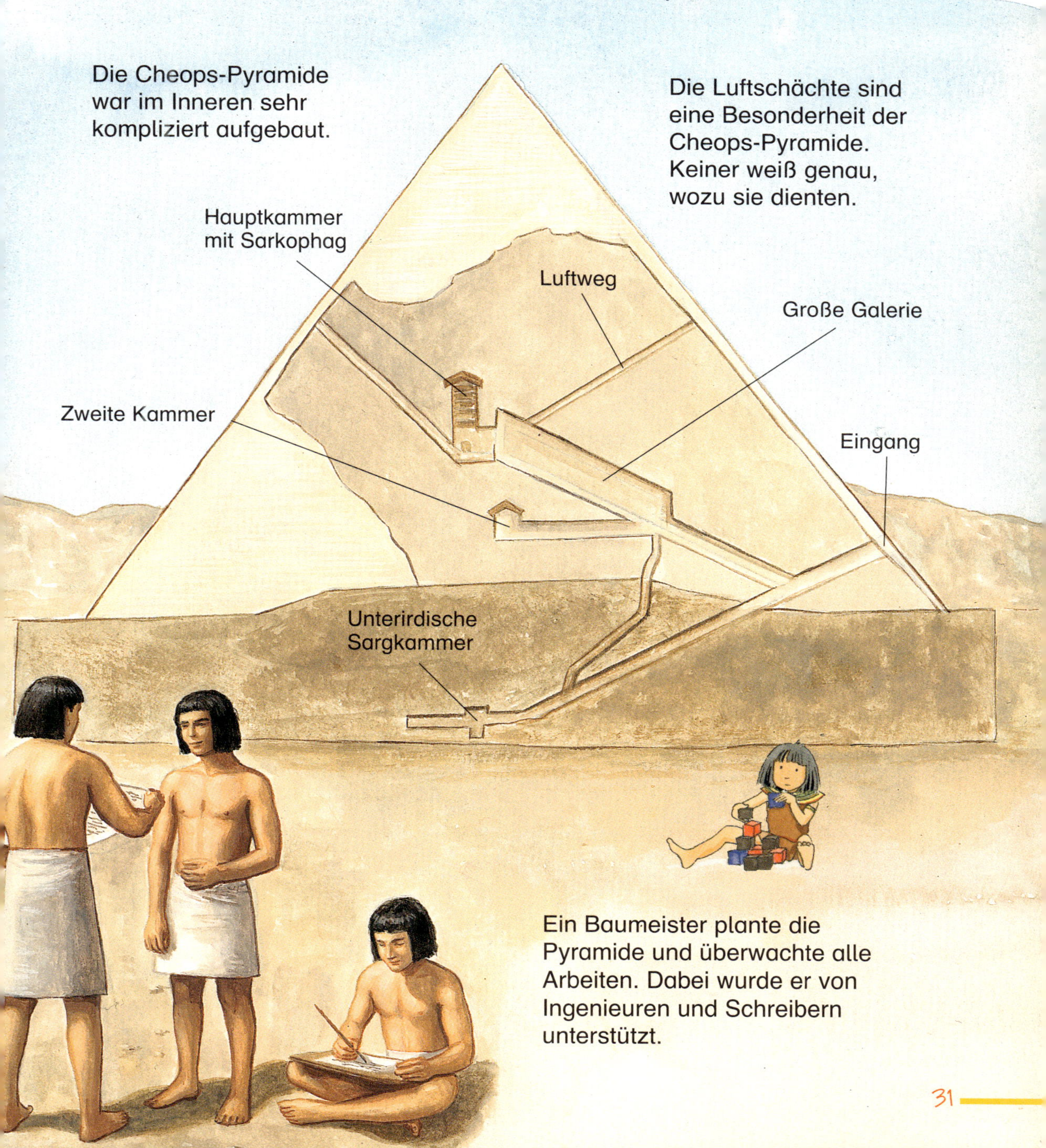

Die Cheops-Pyramide war im Inneren sehr kompliziert aufgebaut.

Die Luftschächte sind eine Besonderheit der Cheops-Pyramide. Keiner weiß genau, wozu sie dienten.

Ein Baumeister plante die Pyramide und überwachte alle Arbeiten. Dabei wurde er von Ingenieuren und Schreibern unterstützt.

Wer war Tutanchamun?

Tutanchamun war erst acht oder neun Jahre alt, als er zum König gekrönt wurde. Darum wird er auch als „Kindkönig“ bezeichnet. Er wurde nicht einmal 20 Jahre alt, und aus der Zeit seiner Regierung wissen wir sehr wenig. Trotzdem kennt ihn heute jeder. Hauptsächlich deshalb, weil sein prachtvoll ausgestattetes Grab 1922 entdeckt wurde.

Geier und Uräusschlange an der Stirn symbolisieren die Macht des Pharaos.

Die Totenmaske von Tutanchamun ist aus purem Gold und mit Halbedelsteinen besetzt.

Der Forscher Howard Carter hatte viele Jahre lang nach dem Grab von Tutanchamun gesucht. Als er das Grab öffnete, sagte er: „Ich sehe wundervolle Dinge!“

Ein Pharao bekam nach seinem Tod kostbare Dinge mit ins Grab, damit er im Jenseits genauso leben konnte, wie er es gewohnt war. Die Schätze in den Pyramiden wurden jedoch oft von Grabräubern gestohlen. Tutanchamuns Grab war allerdings sehr klein. Deshalb haben es die Grabräuber wohl übersehen.

So wurde sein Name in Hieroglyphen geschrieben.

Diese Schätze nahm Tutanchamun mit in sein Grab.

Viele Forscher meinen, dass Echnaton der Vater von Tutanchamun war. Er führte in seiner Regierungszeit eine neue Religion ein. Die Ägypter glaubten bis dahin an viele verschiedene Götter. Echnaton setzte durch, dass nur noch der Sonnengott Aton angebetet wurde. Aber nach seinem Tod kehrten die Ägypter wieder zu ihren alten Göttern zurück.

Echnatons Frau Nofretete

Echnaton mit seiner Frau und seinen Töchtern.

Wie sahen die Gräber aus?

Die Menschen in Ägypten glaubten an ein Leben nach dem Tod. Wenn jemand gestorben war, reiste seine Seele ins Reich der Toten. Das Totenreich stellten sich die Ägypter so ähnlich vor wie die Welt, in der sie lebten. Man legte dem Verstorbenen darum Essen und Gegenstände, die er für sein nächstes Leben brauchte, mit ins Grab. Die Wände des Grabes waren mit Ereignissen aus seinem Leben bemalt.

Das Grab war immer in einen offenen Opferraum und eine Gruft, in der die Mumie ruhte, unterteilt.

Die kleinen Figuren heißen Uschebtis. Sie sollten dem Verstorbenen im Totenreich dienen.

Uschebtikasten

Die Lebenden fühlten sich ihren Verstorbenen sehr nah. Sie besuchten sie, brachten ihnen Lebensmittel und baten sie um Rat und Hilfe.

Als Grabbeigaben bekam der Tote Speisen und Getränke, aber auch Möbel, Kleidung und Schmuck.

Die Reise ins Totenreich war nach dem Glauben der alten Ägypter schwierig und voller Gefahren. Beispielsweise drohten dem Verstorbenen Hunger und Durst. Deshalb wurden bei der Beerdigung Gebete gesprochen und bestimmte Rituale durchgeführt. Ganz wichtig war die Mundöffnung: Ein Priester öffnete den Mund der Mumie, damit der Tote im Jenseits sprechen, essen und trinken konnte. Auch ein Totenbuch wurde dem Verstorbenen mit ins Grab gegeben. In ihm standen die richtigen Worte, um allen Gefahren im Totenreich zu trotzen.

Zur rituellen Mundöffnung benutzten die Priester ein spezielles Werkzeug.

Die Priester trugen bei den Totenritualen oft eine Maske von Anubis. Dieser Gott half den Verstorbenen bei ihrer Reise ins Totenreich.

Mithilfe des Totenbuches konnte der Geist des Verstorbenen sein Grab verlassen.

Wie wurde eine Mumie gemacht?

Ganz wichtig für ein Weiterleben nach dem Tod war für die Ägypter der Körper, denn er galt als Wohnort der Seele. Deshalb gaben sich die Ägypter große Mühe damit, den Körper eines Verstorbenen möglichst gut zu erhalten. Der Verstorbene wurde mehrmals gewaschen, und man entfernte das Gehirn und die inneren Organe. Sein Körper wurde mit Salz ausgetrocknet und mit Ölen balsamiert. Zum Schluss umwickelten die Balsamierer den Toten mit Leinenbinden. Nun war der Körper mumifiziert und konnte nicht mehr verwesen.

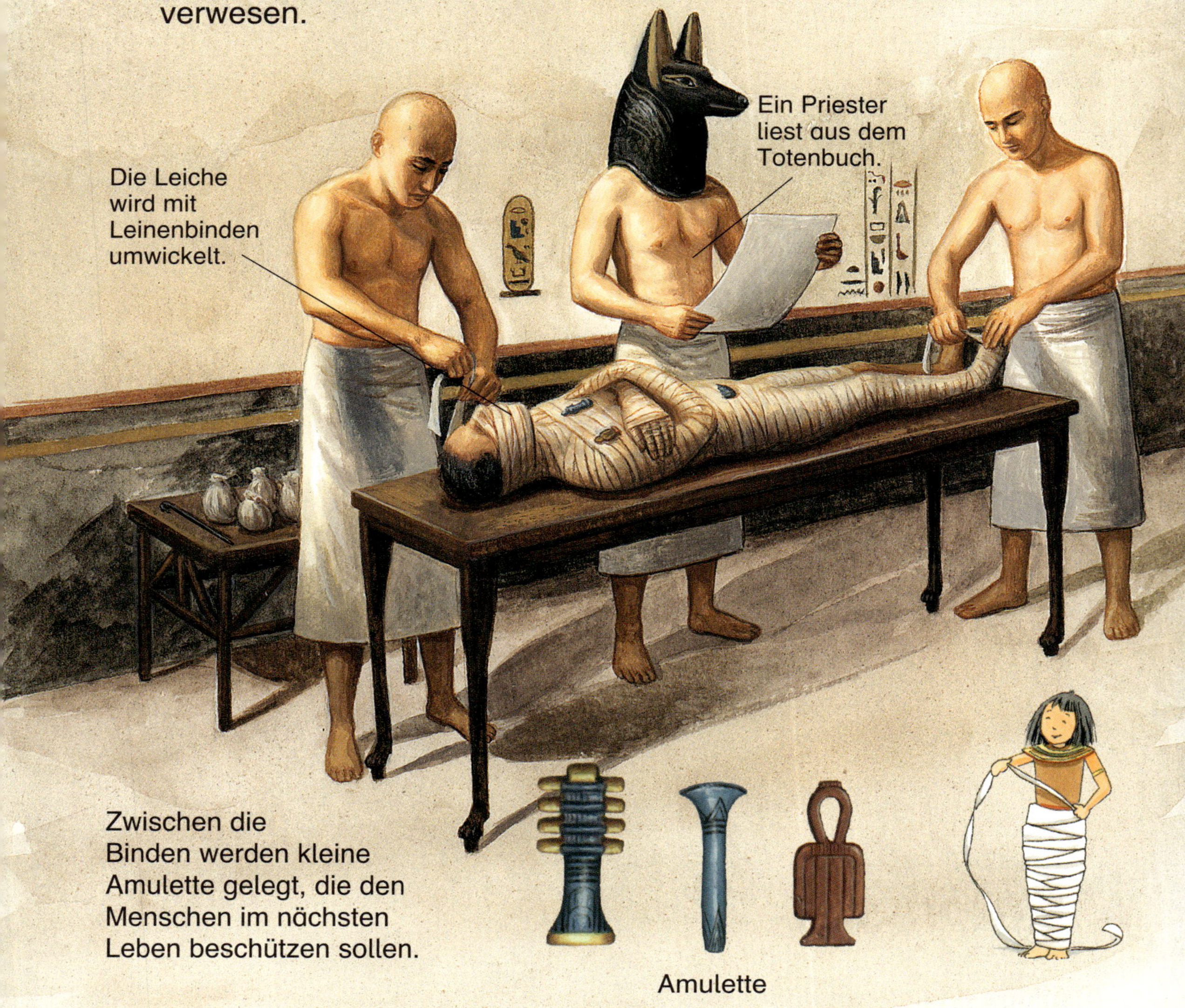

Zwischen die Binden werden kleine Amulette gelegt, die den Menschen im nächsten Leben beschützen sollen.

Amulette

Der Kopf und die Schultern der Mumie wurden mit einer verzierten Maske bedeckt. Dann wurde der Körper in einen Holzsarg gelegt. Der Sarg konnte mit Malereien und Hieroglyphen verziert sein. Oft hatte er eine menschenähnliche Form.

Auch ihre Haustiere ließen die Ägypter mumifizieren. Man fand sogar riesige Tierfriedhöfe mit allen Arten von Tiermumien.

Die inneren Organe wurden ebenfalls mumifiziert und in besondere Gefäße gelegt, die als Kanopen bezeichnet werden. Die Kanopen stellte man zusammen mit der Mumie ins Grab. Auch das Herz wurde durch Mumifizierung erhalten. Weil es für die Ägypter der Sitz für die Gefühle und Gedanken war, legten die Balsamierer es zum Schluss in den Körper zurück.

Die Kanopen hatten oft Deckel mit Tier- und Menschenköpfen.

Der Falke wachte über den Darm.

Der Pavian beschützte die Lunge.

Der Schakal bewachte den Magen.

Der Menschenkopf behütete die Leber.

Was ist Papyrus?

In Ägypten haben die Menschen bereits vor etwa 5000 Jahren herausgefunden, wie man aus einer Pflanze eine ideale Schreibunterlage machen kann. Überall am Nil wuchs damals ein besonderes Schilfgras: der Papyrus. Aus Papyrus stellten die Ägypter viele verschiedene Dinge her: Seile, Körbe, Sandalen und sogar Boote – vor allem aber eine Art festes Papier, auf das mit roter oder schwarzer Tinte geschrieben wurde. Die Papyrusrollen waren die Bücher der Ägypter.

Um ein Papyrusblatt herzustellen, wird der Stängel des Schilfgrases in dünne Streifen geschnitten. Diese legt man kreuz und quer übereinander und presst sie anschließend zusammen.

Nach dem Trocknen werden die einzelnen Blätter geglättet. Sie können hinterher zu einer Papyrusrolle zusammengeklebt werden.

Die Ägypter gehörten zu den ersten Völkern, die eine eigene Schrift hatten. Die Hieroglyphen wurden vor ungefähr 5000 Jahren entwickelt. Diese Schrift bestand aus über 700 verschiedenen Bildsymbolen. Die Symbole konnten für einzelne Laute, aber auch für ganze Wörter stehen. Die Hieroglyphen galten als heilige Schriftzeichen und wurden daher hauptsächlich für religiöse Texte benutzt.

In welcher Richtung ein Hieroglyphentext zu lesen war, gaben die Köpfe der Figuren an: Sie schauten immer zum Satzanfang.

Nach der Epoche des alten Ägypten konnte lange Zeit niemand die Hieroglyphenschrift lesen. Einem Franzosen namens Jean-François Champollion gelang es schließlich 1822 mithilfe des Steins von Rosette. Auf diesem Stein steht der gleiche Text in drei verschiedenen Schriften: als Hieroglyphentext, in Demotisch, einer späteren ägyptischen Schrift, und Griechisch. Griechisch war bekannt, und so konnte Champollion die Hieroglyphen entschlüsseln.

Was blieb vom alten Ägypten?

Die alten Ägypter haben der Welt viele Dinge hinterlassen – dazu gehören die großen Bauwerke, aber auch Alltagsgegenstände. Fast wäre die wundervolle Tempelanlage von Abu Simbel im Wasser versunken, als die moderne ägyptische Regierung einen riesigen Nilstaudamm errichten ließ und der Wasserspiegel um viele Meter anstieg. In einer unglaublichen Rettungsaktion wurde der Tempel abgebaut und an einer höher gelegenen Stelle wieder aufgebaut.

Für den Umzug wurde der Tempel in viele einzelne Felsblöcke zerlegt.

Heute sieht es so aus, als ob der Tempel von Abu Simbel schon immer an dieser Stelle gestanden hätte.

In vielen Museen können wir uns heute die Schätze des alten Ägyptens ansehen. Der Grabschatz von Tutanchamun ist zurzeit im Ägyptischen Museum in Kairo ausgestellt.

Ein früher Kalender

Die Ägypter hatten einen sehr zuverlässigen Kalender, mit dessen Hilfe sie den Beginn der Nilüberschwemmung genau bestimmen konnten. Unser heutiger Kalender geht im Prinzip auf die damalige Einteilung des Jahres in 365 Tage mit zwölf Monaten zurück.

Tutanchamun hält die Herrschersymbole: den Krummstab und die Geißel.

Der vergoldete Holzsarg zeigt Tutanchamun mit gekreuzten Armen in der Haltung des Totengottes Osiris.

Tutanchamuns Mumie befindet sich heute wieder in ihrem Grab.

Prüfe dein Wissen!

Zu den Bildern auf dieser Seite wird dir jeweils eine Frage gestellt. Wenn dir die Antwort nicht einfällt, dann suche im Buch einfach die abgebildete Illustration.

Worauf schrieben die Ägypter?

Was sind Kanopen?

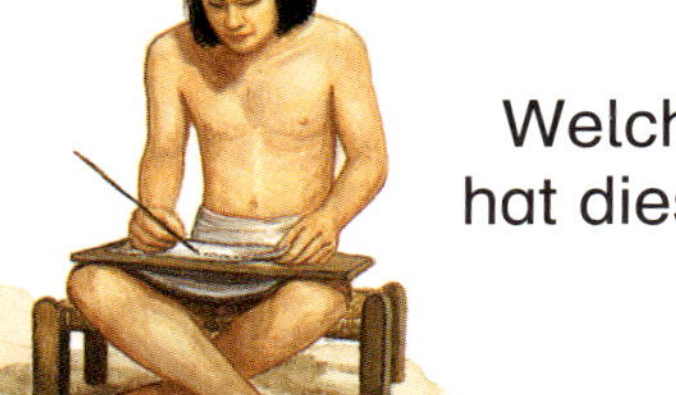

Welchen Beruf hat dieser Mann?

Wozu diente eine Pyramide?

Welche Bedeutung hat der Stein von Rosette?

Welches ist das älteste Gebäude aus Stein?

Wer war der Herrscher des Totenreiches?

Wie nennt man diese Schriftzeichen?

Welche Kleidung trugen die Ägypter?

Welche Königszeichen erhielt der Pharao?

Wer bewacht die Pyramiden von Gizeh?

Register

Abu Simbel 40
Alexandria 8
Allerheiligstes 24
Alltag 12
Amenophis 26
Amulett 36
Amun-Re 24
Anubis 35
Arbeiter 10, 30
Armreif 17f.
Arzt 11
Assuan 8
Aton 33

Balsamierer 36f.
Barkenraum 24
Bart 26
Bastet 15
Bau 30
Bauer 9, 11 14, 18, 20, 22f., 30
Baumeister 31
Baustelle 10, 30f.
Bauwerk 28, 40
Beamter 11
Beerdigung 35
Begräbnis 18
Beruf 10
Bildhauer 10
Bildsymbol 39
Blütezeit 8
Boot 38
Brettspiel 14
Bronze 16

Carter, Howard 32
Champollion, Jean-François 39
Cheops-Pyramide 28f., 31
Chephren-Pyramide 29

Djoser, König 28
Doppelkrone 26
Dorf 23

Echnaton 33
Edelstein 17
Ehre 18, 27
Ernte 18, 22f.
Erziehung 12
Essen 13, 20, 34

Familie 11, 12f., 21f., 27
Feld 18, 23
Felsblock 40
Fest 18f., 27
Feuer 21
Fischer 23
Forscher 32f.

Gebet 35
Geißel 26, 41
Geist 15, 35
Geld 20
Gesellschaft 11
Gizeh 8, 28f.
Glücksbringer 17
Gold 32
Gott 11, 15, 18, 24ff., 33, 35
Götterstatue 24
Grab 32ff., 37, 41
Grabbeigabe 34
Grabräuber 33

Händler 11
Handwerker 10f., 20
Hatschepsut 13
Hauptkammer 31
Hauptstadt 8, 27
Haushalt 12
Haustier 15, 37
Heilig 11, 15, 39
Herrscher 25
Herrschersymbol 41
Hieroglyphe 33, 37, 39

Ingenieur 31
Isis 25

Jagd 19, 23
Jahreszeit 18, 22
Jenseits 33, 35

Kairo 8, 41
Kalender 41
Kanal 23
Kanope 37
Katzengöttin 15
Kemet 9
Kindkönig 32
Kleidung 17, 24, 34
Kleopatra 26
Klima 9, 17
König 8, 14, 26ff., 32
Königszeichen 26
Körper 29, 36f.
Krokodil 14
Krone 26
Krummstab 26, 41
Küche 21
Kultur 8f.
Künstler 10
Kunstwerke 9

Lehm 16
Lehrer 11, 15
Leiche 36
Leinenbinde 36
Leinenkleid 17
Lendentuch 17
Löwe 15, 29

Macht 26, 32
Maler 10
Markt 20
Maske 35, 37
Menes, König 8
Menschenkopf 37
Mittelmeer 8
Mumie 29, 34ff., 41
Mumifizierung 37
Mundöffnung 35
Musik 18
Mykerinos 28f.

Nackenstütze 21
Nahrungsmittel 13
Nemes 26
Neujahrstag 18
Nil 8f., 13, 18, 20, 22f., 31, 38
Nilschlamm 9
Nilstaudamm 40
Nilüberschwemmung 9, 30, 41
Nofretete 33

Oberägypten 8
Obst 13
Öl 36
Opferraum 34
Organe 36f.
Osiris 25f., 41

Palast 8, 26f.
Papier 38
Papyrus 38
Pavian 37
Per'aa 26
Perücke 16
Pharao 8ff., 13, 15, 17ff., 24, 26f., 29f., 32f.
Priester 11, 24, 35f.
Pyramide 28ff., 33

Ramses II. 15, 26f.
Re 18, 24
Recht 13
Regierung 32, 40
Religion 33
Ritual 35
Rotes Meer 8

Sakkara 28
Sarg 37
Sargkammer 31
Sarkophag 31
Säulenhalle 24
Schakal 37
Schatz 33, 41
Schilf 11
Schmuck 17, 20, 34
Schöpfer 24
Schöpfsystem 23
Schreiber 11, 24, 31
Schreiberschule 11, 15
Schreibfeder 11
Schrift 15, 24, 39
Schrift, demotische 39
Schriftzeichen, griechische 39
Schule 15
Schüler 11, 15
Schwarzes Land 9
Sed-Fest 27
Seele 34, 36
Senet 14
Sichel 22
Sklave 30
Sonnengott 24, 33
Sphinx 25, 28
Spiel 14
Spielsachen 14, 34
Stadt 20
Statue 18, 25
Stein von Rosette 39
Steinblock 30
Steuer 11
Stoff 20
Strafe 25
Streitwagen 19
Stufenpyramide 28

Tal der Könige 8
Tempel 8, 18, 24f., 28, 40
Thot 24
Tiermumie 37
Totenbuch 35f.
Totengott 41
Totenmaske 32
Totenreich 25, 34f.
Tutanchamun 17, 32f., 41

Überschwemmung 22f.
Ufer 9
Ungeziefer 22
Unterägypten 8
Uräusschlange 32
Uschebti 34

Wachstumszeit 22
Weltwunder 28
Wesir 11

FRAG MICH WAS!

Weitere Titel der Reihe:

- Dinosaurier
- Fußball
- Pferde
- Hunde
- Wale und Delfine
- Polizei
- Indianer
- Piraten
- Die Erde
- Mein Körper
- Vulkane
- Flugzeuge
- Autos
- Sonne, Mond und Sterne